CONTEMPORÁNEA

Pablo Neruda, seudónimo de Neftalí Ricardo Reyes, nació en Parral, Linares (Chile), en 1904. De 1920 a 1927 residió en Santiago, y en esta época escribió sus primeros poemas: *La canción de la fiesta* (1921), *Crepusculario* (1923) y *Veinte poemas de amor y una canción desesperada* (1924), títulos que muestran las primeras fases de su evolución, desde sus inicios posrubenianos hasta la adquisición de un tono más personal y libre de la expresión poética. En 1927 empezó su existencia viajera y ocupó varios cargos consulares en China, Ceilán y Birmania. *Residencia en la tierra* (1933) le reveló como un poeta de intensa originalidad, vinculado indirectamente con la corriente surrealista. Entre 1934 y 1938 ocupó el cargo de cónsul de Chile en España, y en estos años entró en contacto con escritores españoles de la Generación del 27. En 1941 se instaló en México y, posteriormente, regresó a su patria donde, en 1945, fue nombrado senador. En 1971 le fue concedido el Premio Nobel de Literatura y fue nombrado por Salvador Allende embajador en París. Murió en 1973, poco después del golpe de Estado de Augusto Pinochet. Póstumamente, en 1974, se publicaron sus memorias bajo el título *Confieso que he vivido*. DeBolsillo presenta ahora una edición de su obra.

Biblioteca

PABLO NERUDA

Veinte poemas de amor y una canción desesperada

⊔ DeBOLS!LLO

Diseño de la portada: Equipo de diseño editorial

Séptima edición en U.S.A.: enero, 2005

© 1924, Pablo Neruda y Herederos de Pablo Neruda
© 1994, Random House Mondadori, S. A.
    Travessera de Gràcia, 47-49. 08021 Barcelona

Printed in Spain – Impreso en España

ISBN: 1-4000-0144-7

Distributed by Random House, Inc.

LOS VEINTE POEMAS

1

CUERPO DE MUJER, blancas colinas, muslos
  blancos,
te pareces al mundo en tu actitud de entrega.
Mi cuerpo de labriego salvaje te socava
y hace saltar el hijo del fondo de la tierra.

Fui solo como un túnel. De mí huían los pájaros
y en mí la noche entraba su invasión poderosa.
Para sobrevivirme te forjé como un arma,
como una flecha en mi arco, como una piedra en
  mi honda.

Pero cae la hora de la venganza, y te amo.
Cuerpo de piel, de musgo, de leche ávida y firme.
Ah los vasos del pecho! Ah los ojos de ausencia!
Ah las rosas del pubis! Ah tu voz lenta y triste!

Cuerpo de mujer mía, persistiré en tu gracia.
Mi sed, mi ansia sin límite, mi camino indeciso!
Oscuros cauces donde la sed eterna sigue,
y la fatiga sigue, y el dolor infinito.

2

EN SU LLAMA mortal la luz te envuelve.
Absorta, pálida doliente, así situada
contra las viejas hélices del crepúsculo
que en torno a ti da vueltas.

Muda, mi amiga,
sola en lo solitario de esta hora de muertes
y llena de las vidas del fuego,
pura heredera del día destruido.

Del sol cae un racimo en tu vestido oscuro.
De la noche las grandes raíces
crecen de súbito desde tu alma,
y a lo exterior regresan las cosas en ti ocultas,
de modo que un pueblo pálido y azul
de ti recién nacido se alimenta.

Oh grandiosa y fecunda y magnética esclava
del círculo que en negro y dorado sucede:
erguida, trata y logra una creación tan viva
que sucumben sus flores, y llena es de tristeza.

3

Ah VASTEDAD de pinos, rumor de olas
   quebrándose,
lento juego de luces, campana solitaria,
crepúsculo cayendo en tus ojos, muñeca,
caracola terrestre, en ti la tierra canta!

En ti los ríos cantan y mi alma en ellos huye
como tú lo desees y hacia donde tú quieras.
Márcame mi camino en tu arco de esperanza
y soltaré en delirio mi bandada de flechas.

En torno a mí estoy viendo tu cintura de niebla
y tu silencio acosa mis horas perseguidas,
y eres tú con tus brazos de piedra transparente
donde mis besos anclan y mi húmeda ansia anida.

Ah tu voz misteriosa que el amor tiñe y dobla
en el atardecer resonante y muriendo!
Así en horas profundas sobre los campos he visto
doblarse las espigas en la boca del viento.

4

Es la mañana llena de tempestad
en el corazón del verano.

Como pañuelos blancos de adiós viajan las nubes,
el viento las sacude con sus viajeras manos.

Innumerable corazón del viento
latiendo sobre nuestro silencio enamorado.

Zumbando entre los árboles, orquestal y divino,
como una lengua llena de guerras y de cantos.

Viento que lleva en rápido robo la hojarasca
y desvía las flechas latientes de los pájaros.

Viento que la derriba en ola sin espuma
y sustancia sin peso, y fuegos inclinados.

Se rompe y se sumerge su volumen de besos
combatido en la puerta del viento del verano.

PARA QUE tú me oigas
mis palabras
se adelgazan a veces
como las huellas de las gaviotas en las playas.

Collar, cascabel ebrio
para tus manos suaves como las uvas.

Y las miro lejanas mis palabras.
Más que mías son tuyas.
Van trepando en mi viejo dolor como las yedras.

Ellas trepan así por las paredes húmedas.
Eres tú la culpable de este juego sangriento.

Ellas están huyendo de mi guarida oscura.
Todo lo llenas tú, todo lo llenas.

Antes que tú poblaron la soledad que ocupas,
y están acostumbradas más que tú a mi tristeza.

Ahora quiero que digan lo que quiero decirte
para que tú las oigas como quiero que me oigas.

El viento de la angustia aún las suele arrastrar.
Huracanes de sueños aún a veces las tumban.

Escuchas otras voces en mi voz dolorida.
Llanto de viejas bocas, sangre de viejas súplicas.
Ámame, compañera. No me abandones. Sígueme.
Sígueme, compañera, en esa ola de angustia.

Pero se van tiñendo con tu amor mis palabras.
Todo lo ocupas tú, todo lo ocupas.

Voy haciendo de todas un collar infinito
para tus blancas manos, suaves como las uvas.

TE RECUERDO como eras en el último otoño.
Eras la boina gris y el corazón en calma.
En tus ojos peleaban las llamas del crepúsculo.
Y las hojas caían en el agua de tu alma.

Apegada a mis brazos como una enredadera,
las hojas recogían tu voz lenta y en calma.
Hoguera de estupor en que mi sed ardía.
Dulce jacinto azul torcido sobre mi alma.

Siento viajar tus ojos y es distante el otoño:
boina gris, voz de pájaro y corazón de casa
hacia donde emigraban mis profundos anhelos
y caían mis besos alegres como brasas.

Cielo desde un navío. Campo desde los cerros.
Tu recuerdo es de luz, de humo, de estanque en
   calma!
Más allá de tus ojos ardían los crepúsculos.
Hojas secas de otoño giraban en tu alma.

INCLINADO en las tardes tiro mis tristes redes
a tus ojos oceánicos.

Allí se estira y arde en la más alta hoguera
mi soledad que da vueltas los brazos como un
     náufrago.

Hago rojas señales sobre tus ojos ausentes
que olean como el mar a la orilla de un faro.

Sólo guardas tinieblas, hembra distante y mía,
de tu mirada emerge a veces la costa del espanto.

Inclinado en las tardes echo mis tristes redes
a ese mar que sacude tus ojos oceánicos.

Los pájaros nocturnos picotean las primeras
     estrellas
que centellean como mi alma cuando te amo.

Galopa la noche en su yegua sombría
desparramando espigas azules sobre el campo.

8

ABEJA BLANCA zumbas —ebria de miel— en mi
  alma
y te tuerces en lentas espirales de humo.

Soy el desesperado, la palabra sin ecos,
el que lo perdió todo, y el que todo lo tuvo.

Última amarra, cruje en ti mi ansiedad última.
En mi tierra desierta eres la última rosa.

Ah silenciosa!

Cierra tus ojos profundos. Allí aletea la noche.
Ah desnuda tu cuerpo de estatua temerosa.

Tienes ojos profundos donde la noche alea.
Frescos brazos de flor y regazo de rosa.

Se parecen tus senos a los caracoles blancos.
Ha venido a dormirse en tu vientre una mariposa
  de sombra.

Ah silenciosa!

He aquí la soledad de donde estás ausente.
Llueve. El viento del mar caza errantes gaviotas.

El agua anda descalza por las calles mojadas.
De aquel árbol se quejan, como enfermos, las hojas.

Abeja blanca, ausente, aún zumbas en mi alma.
Revives en el tiempo, delgada y silenciosa.

Ah silenciosa!

9

EBRIO DE trementina y largos besos,
estival, el velero de las rosas dirijo,
torcido hacia la muerte del delgado día,
cimentado en el sólido frenesí marino.

Pálido y amarrado a mi agua devorante
cruzo en el agrio olor del clima descubierto,
aún vestido de gris y sonidos amargos,
y una cimera triste de abandonada espuma.

Voy, duro de pasiones, montado en mi ola única,
lunar, solar, ardiente y frío, repentino,
dormido en la garganta de las afortunadas
islas blancas y dulces como caderas frescas.

Tiembla en la noche húmeda mi vestido de besos
locamente cargado de eléctricas gestiones,
de modo heroico dividido en sueños
y embriagadoras rosas practicándose en mí.

Aguas arriba, en medio de las olas externas,
tu paralelo cuerpo se sujeta en mis brazos
como un pez infinitamente pegado a mi alma
rápido y lento en la energía subceleste.

10

HEMOS PERDIDO aun este crepúsculo.
Nadie nos vio esta tarde con las manos unidas
mientras la noche azul caía sobre el mundo.

He visto desde mi ventana
la fiesta del poniente en los cerros lejanos.

A veces como una moneda
se encendía un pedazo de sol entre mis manos.

Yo te recordaba con el alma apretada
de esa tristeza que tú me conoces.

Entonces, dónde estabas?
Entre qué gentes?
Diciendo qué palabras?
Por qué se me vendrá todo el amor de golpe
cuando me siento triste, y te siento lejana?

Cayó el libro que siempre se toma en el
   crepúsculo,
y como un perro herido rodó a mis pies mi capa.

Siempre, siempre te alejas en las tardes
hacia donde el crepúsculo corre borrando estatuas.

11

CASI FUERA del cielo ancla entre dos montañas
la mitad de la luna.
Girante, errante noche, la cavadora de ojos.
A ver cuántas estrellas trizadas en la charca.

Hace una cruz de luto entre mis cejas, huye.
Fragua de metales azules, noches de las calladas
   luchas,
mi corazón da vueltas como un volante loco.
Niña venida de tan lejos, traída de tan lejos,
a veces fulgurece su mirada debajo del cielo.
Quejumbre, tempestad, remolino de furia,
cruza encima de mi corazón, sin detenerte.
Viento de los sepulcros acarrea, destroza, dispersa
   tu raíz soñolienta.
Desarraiga los grandes árboles al otro lado de ella.
Pero tú, clara niña, pregunta de humo, espiga.
Era la que iba formando el viento con hojas
   iluminadas.
Detrás de las montañas nocturnas, blanco lirio de
   incendio,
ah nada puedo decir! Era hecha de todas las cosas.

Ansiedad que partiste mi pecho a cuchillazos,
es hora de seguir otro camino, donde ella no
  sonría.
Tempestad que enterró las campanas, turbio revuelo
  de tormentas
para qué tocarla ahora, para qué entristecerla.
Ay seguir el camino que se aleja de todo,
donde no esté atajando la angustia, la muerte, el
  invierno,
con sus ojos abiertos entre el rocío.

PARA MI CORAZÓN basta tu pecho,
para tu libertad bastan mis alas.
Desde mi boca llegará hasta el cielo
lo que estaba dormido sobre tu alma.

Es en ti la ilusión de cada día.
Llegas como el rocío a las corolas.
Socavas el horizonte con tu ausencia.
Eternamente en fuga como la ola.

He dicho que cantabas en el viento
como los pinos y como los mástiles.
Como ellos eres alta y taciturna.
Y entristeces de pronto, como un viaje.

Acogedora como un viejo camino.
Te pueblan ecos y voces nostálgicas.
Yo desperté y a veces emigran y huyen
pájaros que dormían en tu alma.

HE IDO MARCANDO con cruces de fuego
el atlas blanco de tu cuerpo.
Mi boca era una araña que cruzaba escondiéndose.
En ti, detrás de ti, temerosa, sedienta.

Historias que contarte a la orilla del crepúsculo,
muñeca triste y dulce, para que no estuvieras
    triste.
Un cisne, un árbol, algo lejano y alegre.
El tiempo de las uvas, el tiempo maduro y frutal.

Yo que viví en un puerto desde donde te amaba.
La soledad cruzada de sueño y de silencio.
Acorralado entre el mar y la tristeza.
Callado, delirante, entre dos gondoleros inmóviles.

Entre los labios y la voz, algo se va muriendo.
Algo con alas de pájaro, algo de angustia y de
    olvido.
Así como las redes no retienen el agua.
Muñeca mía, apenas quedan gotas temblando.
Sin embargo, algo canta entre estas palabras
    fugaces.

Algo canta, algo sube hasta mi ávida boca.
Oh poder celebrarte con todas las palabras de alegría.
Cantar, arder, huir, como un campanario en las
    manos de un loco.
Triste ternura mía, qué te haces de repente?
Cuando he llegado al vértice más atrevido y frío
mi corazón se cierra como una flor nocturna.

JUEGAS TODOS los días con la luz del universo.
Sutil visitadora, llegas en la flor y en el agua.
Eres más que esta blanca cabecita que aprieto
como un racimo entre mis manos cada día.

A nadie te pareces desde que yo te amo.
Déjame tenderte entre guirnaldas amarillas.
Quién escribe tu nombre con letras de humo
 entre las estrellas del sur?
Ah déjame recordarte cómo eras entonces, cuando
 aún no existías.

De pronto el viento aúlla y golpea mi ventana
 cerrada.
El cielo es una red cuajada de peces sombríos.
Aquí vienen a dar todos los vientos, todos.
Se desviste la lluvia.

Pasan huyendo los pájaros.
El viento. El viento.
Yo sólo puedo luchar contra la fuerza de los
 hombres.
El temporal arremolina hojas oscuras

y suelta todas las barcas que anoche amarraron al
    cielo.

Tú estás aquí. Ah tú no huyes.
Tú me responderás hasta el último grito.
Ovíllate a mi lado como si tuvieras miedo.
Sin embargo alguna vez corrió una sombra extraña
    por tus ojos.

Ahora, ahora también, pequeña, me traes
    madreselvas
y tienes hasta los senos perfumados.
Mientras el viento triste galopa matando mariposas
yo te amo, y mi alegría muerde tu boca de ciruela.

Cuánto te habrá dolido acostumbrarte a mí,
a mi alma sola y salvaje, a mi nombre que todos
    ahuyentan.
Hemos visto arder tantas veces el lucero besándonos
    los ojos
y sobre nuestras cabezas destorcerse los crepúsculos
    en abanicos girantes.

Mis palabras llovieron sobre ti acariciándote.
Amé desde hace tiempo tu cuerpo de nácar soleado.
Hasta te creo dueña del universo.
Te traeré de las montañas flores alegres, copihues,
avellanas oscuras, y cestas silvestres de besos.

Quiero hacer contigo
lo que la primavera hace con los cerezos.

ME GUSTAS cuando callas porque estás como
    ausente,
y me oyes desde lejos, y mi voz no te toca.
Parece que los ojos se te hubieran volado
y parece que un beso te cerrara la boca.

Como todas las cosas están llenas de mi alma
emerges de las cosas, llena del alma mía.
Mariposa de sueño, te pareces a mi alma,
y te pareces a la palabra melancolía.

Me gustas cuando callas y estás como distante.
Y estás como quejándote, mariposa en arrullo.
Y me oyes desde lejos, y mi voz no te alcanza:
déjame que me calle con el silencio tuyo.

Déjame que te hable también con tu silencio
claro como una lámpara, simple como un anillo.
Eres como la noche, callada y constelada.
Tu silencio es de estrella, tan lejano y sencillo.

Me gustas cuando callas porque estás como ausente.
Distante y dolorosa como si hubieras muerto.
Una palabra entonces, una sonrisa bastan.
Y estoy alegre, alegre de que no sea cierto.

16

Paráfrasis a R. Tagore

EN MI CIELO al crepúsculo eres como una nube
y tu color y forma son como yo los quiero.
Eres mía, eres mía, mujer de labios dulces,
y viven en tu vida mis infinitos sueños.

La lámpara de mi alma te sonrosa los pies,
el agrio vino mío es más dulce en tus labios:
oh segadora de mi canción de atardecer,
cómo te sienten mía mis sueños solitarios!

Eres mía, eres mía, voy gritando en la brisa
de la tarde, y el viento arrastra mi voz viuda.
Cazadora del fondo de mis ojos, tu robo
estanca como el agua tu mirada nocturna.

En la red de mi música estás presa, amor mío,
y mis redes de música son anchas como el cielo.
Mi alma nace a la orilla de tus ojos de luto.
En tus ojos de luto comienza el país del sueño.

PENSANDO, enredando sombras en la profunda
  soledad.
Tú también estás lejos, ah más lejos que nadie.
Pensando, soltando pájaros, desvaneciendo
  imágenes,
enterrando lámparas.
Campanario de brumas, qué lejos, allá arriba!
Ahogando lamentos, moliendo esperanzas
  sombrías,
molinero taciturno,
se te viene de bruces la noche, lejos de la
  ciudad.

Tu presencia es ajena, extraña a mí como una
  cosa.
Pienso, camino largamente, mi vida antes de ti.
Mi vida antes de nadie, mi áspera vida.
El grito frente al mar, entre las piedras,
corriendo libre, loco, en el vaho del mar.
La furia triste, el grito, la soledad del mar.
Desbocado, violento, estirado hacia el cielo.

Tú, mujer, qué eras allí, qué raya, qué varilla
de ese abanico inmenso? Estabas lejos como ahora.
Incendio en el bosque! Arde en cruces azules.
Arde, arde, llamea, chispea en árboles de luz.
Se derrumba, crepita. Incendio. lncendio.
Y mi alma baila herida de virutas de fuego.
Quién llama? Qué silencio poblado de ecos?
Hora de la nostalgia, hora de la alegría, hora de la
    soledad,
hora mía entre todas!

Bocina en que el viento pasa cantando.
Tanta pasión de llanto anudada a mi cuerpo.
Sacudida de todas las raíces,
asalto de todas las olas!
Rodaba, alegre, triste, interminable, mi alma.

Pensando, enterrando lámparas en la profunda
    soledad.
Quién eres tú, quién eres?

18

Aquí te amo.
En los oscuros pinos se desenreda el viento.
Fosforece la luna sobre las aguas errantes.
Andan días iguales persiguiéndose.

Se desciñe la niebla en danzantes figuras.
Una gaviota de plata se descuelga del ocaso.
A veces una vela. Altas, altas estrellas.

O la cruz negra de un barco.
Solo.
A veces amanezco, y hasta mi alma está húmeda.
Suena, resuena el mar lejano.
Éste es un puerto.
Aquí te amo.

Aquí te amo y en vano te oculta el horizonte.
Te estoy amando aún entre estas frías cosas.
A veces van mis besos en esos barcos graves,
que corren por el mar hacia donde no llegan.

Ya me veo olvidado como estas viejas anclas.
Son más tristes los muelles cuando atraca la tarde.

Se fatiga mi vida inútilmente hambrienta.
Amo lo que no tengo. Estás tú tan distante.

Mi hastío forcejea con los lentos crepúsculos.
Pero la noche llega y comienza a cantarme.
La luna hace girar su rodaje de sueño.

Me miran con tus ojos las estrellas más grandes.
Y como yo te amo, los pinos en el viento, quieren
    cantar tu nombre con sus hojas de alambre.

19

NIÑA MORENA y ágil, el sol que hace las frutas,
el que cuaja los trigos, el que tuerce las algas,
hizo tu cuerpo alegre, tus luminosos ojos
y tu boca que tiene la sonrisa del agua.

Un sol negro y ansioso se te arrolla en las hebras
de la negra melena, cuando estiras los brazos.
Tú juegas con el sol como con un estero
y él te deja en los ojos dos oscuros remansos.

Niña morena y ágil, nada hacia ti me acerca.
Todo de ti me aleja, como del mediodía.
Eres la delirante juventud de la abeja,
la embriaguez de la ola, la fuerza de la espiga.

Mi corazón sombrío te busca, sin embargo,
y amo tu cuerpo alegre, tu voz suelta y delgada.
Mariposa morena dulce y definitiva
como el trigal y el sol, la amapola y el agua.

PUEDO ESCRIBIR los versos más tristes esta noche.

Escribir, por ejemplo: «La noche está estrellada,
y tiritan, azules, los astros, a lo lejos.»

El viento de la noche gira en el cielo y canta.

Puedo escribir los versos más tristes esta noche.
Yo la quise, y a veces ella también me quiso.

En las noches como ésta la tuve entre mis brazos.
La besé tantas veces bajo el cielo infinito.

Ella me quiso, a veces yo también la quería.
Cómo no haber amado sus grandes ojos fijos.

Puedo escribir los versos más tristes esta noche.
Pensar que no la tengo. Sentir que la he perdido.

Oír la noche inmensa, más inmensa sin ella.
Y el verso cae al alma como al pasto el rocío.

Qué importa que mi amor no pudiera guardarla.
La noche está estrellada y ella no está conmigo.

Eso es todo. A lo lejos alguien canta. A lo lejos.
Mi alma no se contenta con haberla perdido.

Como para acercarla mi mirada la busca.
Mi corazón la busca, y ella no está conmigo.

La misma noche que hace blanquear los mismos
   árboles.
Nosotros, los de entonces, ya no somos los mismos.

Ya no la quiero, es cierto, pero cuánto la quise.
Mi voz buscaba el viento para tocar su oído.

De otro. Será de otro. Como antes de mis besos.
Su voz, su cuerpo claro. Sus ojos infinitos.

Ya no la quiero, es cierto, pero tal vez la quiero.
Es tan corto el amor, y es tan largo el olvido.

Porque en noches como ésta la tuve entre mis
   brazos,
mi alma no se contenta con haberla perdido.

Aunque éste sea el último dolor que ella me causa,
y éstos sean los últimos versos que yo le escribo.

LA CANCIÓN DESESPERADA

EMERGE tu recuerdo de la noche en que estoy.
El río anuda al mar su lamento obstinado.

Abandonado como los muelles en el alba.
Es la hora de partir, oh abandonado!

Sobre mi corazón llueven frías corolas.
Oh sentina de escombros, feroz cueva de
    náufragos!

En ti se acumularon las guerras y los vuelos.
De ti alzaron las alas los pájaros del canto.

Todo te lo tragaste, como la lejanía.
Como el mar, como el tiempo. Todo en ti fue
    naufragio!

Era la alegre hora del asalto y el beso.
La hora del estupor que ardía como un faro.

Ansiedad de piloto, furia de buzo ciego,
turbia embriaguez de amor, todo en ti fue
    naufragio!

En la infancia de niebla mi alma alada y herida.
Descubridor perdido, todo en ti fue naufragio!

Te ceñiste al dolor, te agarraste al deseo.
Te tumbó la tristeza, todo en ti fue naufragio!

Hice retroceder la muralla de sombra,
anduve más allá del deseo y del acto.

Oh carne, carne mía, mujer que amé y perdí,
a ti en esta hora húmeda, evoco y hago canto.

Como un vaso albergaste la infinita ternura,
y el infinito olvido te trizó como a un vaso.

Era la negra, negra soledad de las islas,
y allí, mujer de amor, me acogieron tus brazos.

Era la sed y el hambre, y tú fuiste la fruta.
Era el duelo y las ruinas, y tú fuiste el milagro.

Ah mujer, no sé cómo pudiste contenerme
en la tierra de tu alma, y en la cruz de tus brazos!

Mi deseo de ti fue el más terrible y corto,
el más revuelto y ebrio, el más tirante y ávido.

Cementerio de besos, aún hay fuego en tus tumbas,
aún los racimos arden picoteados de pájaros.

Oh la boca mordida, oh los besados miembros,
oh los hambrientos dientes, oh los cuerpos
    trenzados.

Oh la cópula loca de esperanza y esfuerzo
en que nos anudamos y nos desesperamos.

Y la ternura, leve como el agua y la harina.
Y la palabra apenas comenzada en los labios.

Ése fue mi destino y en él viajó mi anhelo,
y en él cayó mi anhelo, todo en ti fue naufragio!

Oh, sentina de escombros, en ti todo caía,
qué dolor no exprimiste, qué olas no te ahogaron!

De tumbo en tumbo aún llameaste y cantaste.
De pie como un marino en la proa de un barco.

Aún floreciste en cantos, aún rompiste en corrientes.
Oh sentina de escombros, pozo abierto y amargo.

Pálido buzo ciego, desventurado hondero,
descubridor perdido, todo en ti fue naufragio!

Es la hora de partir, la dura y fría hora
que la noche sujeta a todo horario.

El cinturón ruidoso del mar ciñe la costa.
Surgen frías estrellas, emigran negros pájaros.

Abandonado como los muelles en el alba.
Sólo la sombra trémula se retuerce en mis manos.

Ah más allá de todo. Ah más allá de todo.

Es la hora de partir. Oh abandonado!

CIEN SONETOS DE AMOR

A MATILDE URRUTIA

Señora mía muy amada, gran padecimiento tuve al escribirte estos mal llamados sonetos y harto me dolieron y costaron, pero la alegría de ofrecértelos es mayor que una pradera. Al proponérmelo bien sabía que al costado de cada uno, por afición electiva y elegancia, los poetas de todo tiempo dispusieron rimas que sonaron como platería, cristal o cañonazo. Yo, con mucha humildad hice estos sonetos de madera, les di el sonido de esta opaca y pura substancia y así deben llegar a tus oídos. Tú y yo caminando por bosques y arenales, por lagos perdidos, por cenicientas latitudes, recogimos fragmentos de palo puro, de maderos sometidos al vaivén del agua y la intemperie. De tales suavizadísimos vestigios construí con hacha, cuchillo, cortaplumas, *estas madererías de amor y edifiqué pequeñas casas de catorce tablas para que en ellas vivan tus ojos que adoro y canto. Así establecidas mis razones de amor te entrego esta centuria: sonetos de madera que sólo se levantaron porque tú les diste la vida.*

Octubre de 1959.

MAÑANA

I

MATILDE, nombre de planta o piedra o vino,
de lo que nace de la tierra y dura,
palabra en cuyo crecimiento amanece,
en cuyo estío estalla la luz de los limones.

En ese nombre corren navíos de madera
rodeados por enjambres de fuego azul marino,
y esas letras son el agua de un río
que desemboca en mi corazón calcinado.

Oh nombre descubierto bajo una enredadera
como la puerta de un túnel desconocido
que comunica con la fragancia del mundo!

Oh invádeme con tu boca abrasadora,
indágame, si quieres, con tus ojos nocturnos,
pero en tu nombre déjame navegar y dormir.

II

AMOR, cuántos caminos hasta llegar a un beso,
qué soledad errante hasta tu compañía!
Siguen los trenes solos rodando con la lluvia.
En Taltal no amanece aún la primavera.

Pero tú y yo, amor mío, estamos juntos,
juntos desde la ropa a las raíces,
juntos de otoño, de agua, de caderas,
hasta ser sólo tú, sólo yo juntos.

Pensar que costó tantas piedras que lleva el río,
la desembocadura del agua de Boroa,
pensar que separados por trenes y naciones

tú y yo teníamos que simplemente amarnos,
con todos confundidos, con hombres y mujeres,
con la tierra que implanta y educa los claveles.

III

ÁSPERO AMOR, violeta coronada de espinas,
matorral entre tantas pasiones erizado,
lanza de los dolores, corola de la cólera,
por qué caminos y cómo te dirigiste a mi alma?

Por qué precipitaste tu fuego doloroso,
de pronto, entre las hojas frías de mi camino?
Quién te enseñó los pasos que hasta mí te
    llevaron?
Qué flor, qué piedra, qué humo mostraron mi
    morada?

Lo cierto es que tembló la noche pavorosa,
el alba llenó todas las copas con su vino
y el sol estableció su presencia celeste,

mientras que el cruel amor me cercaba sin tregua
hasta que lacerándome con espadas y espinas
abrió en mi corazón un camino quemante.

IV

RECORDARÁS aquella quebrada caprichosa
a donde los aromas palpitantes treparon,
de cuando en cuando un pájaro vestido
con agua y lentitud: traje de invierno.

Recordarás los dones de la tierra:
irascible fragancia, barro de oro,
hierbas del matorral, locas raíces,
sortílegas espinas como espadas.

Recordarás el ramo que trajiste,
ramo de sombra y agua con silencio,
ramo como una piedra con espuma.

Y aquella vez fue como nunca y siempre:
vamos allí donde no espera nada
y hallamos todo lo que está esperando.

V

No TE TOQUE la noche ni el aire ni la aurora,
sólo la tierra, la virtud de los racimos,
las manzanas que crecen oyendo el agua pura,
el barro y las resinas de tu país fragante.

Desde Quinchamalí donde hicieron tus ojos
hasta tus pies creados para mí en la Frontera
eres la greda oscura que conozco:
en tus caderas toco de nuevo todo el trigo.

Tal vez tú no sabías, araucana,
que cuando antes de amarte me olvidé de tus
    besos
mi corazón quedó recordando tu boca

y fui como un herido por las calles
·hasta que comprendí que había encontrado,
amor, mi territorio de besos y volcanes.

VI

EN LOS BOSQUES, perdido, corté una rama oscura
y a los labios, sediento, levanté su susurro:
era tal vez la voz de la lluvia llorando,
una campana rota o un corazón cortado.

Algo que desde tan lejos me parecía
oculto gravemente, cubierto por la tierra,
un grito ensordecido por inmensos otoños,
por la entreabierta y húmeda tiniebla de las hojas.

Pero allí, despertando de los sueños del bosque,
la rama de avellano cantó bajo mi boca,
y su errabundo olor trepó por mi criterio

como si me buscaran de pronto las raíces
que abandoné, la tierra perdida con mi infancia,
y me detuve herido por el aroma errante.

VII

«VENDRÁS CONMIGO» —dije— sin que nadie
  supiera
dónde y cómo latía mi estado doloroso,
y para mí no había clavel ni barcarola,
nada sino una herida por el amor abierta.

Repetí: ven conmigo, como si me muriera,
y nadie vio en mi boca la luna que sangraba,
nadie vio aquella sangre que subía al silencio.
Oh amor ahora olvidemos la estrella con espinas!

Por eso cuando oí que tu voz repetía
«Vendrás conmigo» —fue como si desataras
dolor, amor, la furia del vino encarcelado

que desde su bodega sumergida subiera
y otra vez en mi boca sentí un sabor de llama,
de sangre y de claveles, de piedra y quemadura.

VIII

SI NO FUERA porque tus ojos tienen color de luna,
de día con arcilla, con trabajo, con fuego,
y aprisionada tienes la agilidad del aire,
si no fuera porque eres una semana de ámbar,

si no fuera porque eres el momento amarillo
en que el otoño sube por las enredaderas
y eres aún el pan que la luna fragante
elabora paseando su harina por el cielo,

oh, bienamada, yo no te amaría!
En tu abrazo yo abrazo lo que existe,
la arena, el tiempo, el árbol de la lluvia,

y todo vive para que yo viva:
sin ir tan lejos puedo verlo todo:
veo en tu vida todo lo viviente.

IX

AL GOLPE de la ola contra la piedra indócil
la claridad estalla y establece su rosa
y el círculo del mar se reduce a un racimo,
a una sola gota de sal azul que cae.

Oh radiante magnolia desatada en la espuma,
magnética viajera cuya muerte florece
y eternamente vuelve a ser y a no ser nada:
sal rota, deslumbrante movimiento marino.

Juntos tú y yo, amor mío, sellamos el silencio,
mientras destruye el mar sus constantes estatuas
y derrumba sus torres de arrebato y blancura,

porque en la trama de estos tejidos invisibles
del agua desbocada, de la incesante arena,
sostenemos la única y acosada ternura.

X

Suave es la bella como si música y madera,
ágata, telas, trigo, duraznos transparentes,
hubieran erigido la fugitiva estatua.
Hacia la ola dirige su contraria frescura.

El mar moja bruñidos pies copiados
a la forma recién trabajada en la arena
y es ahora su fuego femenino de rosa
una sola burbuja que el sol y el mar combaten.

Ay, que nada te toque sino la sal del frío!
Que ni el amor destruya la primavera intacta.
Hermosa, reverbero de la indeleble espuma,

deja que tus caderas impongan en el agua
una medida nueva de cisne o de nenúfar
y navegue tu estatua por el cristal eterno.

XI

TENGO HAMBRE de tu boca, de tu voz, de tu pelo
y por las calles voy sin nutrirme, callado,
no me sostiene el pan, el alba me desquicia,
busco el sonido líquido de tus pies en el día.

Estoy hambriento de tu risa resbalada,
de tus manos color de furioso granero,
tengo hambre de la pálida piedra de tus uñas,
quiero comer tu piel como una intacta almendra.

Quiero comer el rayo quemado en tu hermosura,
la nariz soberana del arrogante rostro,
quiero comer la sombra fugaz de tus pestañas

y hambriento vengo y voy olfateando el
      crepúsculo
buscándote, buscando tu corazón caliente
como un puma en la soledad del Quitratúe.

XII

PLENA MUJER, manzana carnal, luna caliente,
espeso aroma de algas, lodo y luz machacados,
qué oscura claridad se abre entre tus columnas?
qué antigua noche el hombre toca con sus
   sentidos?

Ay, amar es un viaje con agua y con estrellas,
con aire ahogado y bruscas tempestades de harina:
amar es un combate de relámpagos
y dos cuerpos por una sola miel derrotados.

Beso a beso recorro tu pequeño infinito,
tus márgenes, tus ríos, tus pueblos diminutos,
y el fuego genital transformado en delicia

corre por los delgados caminos de la sangre
hasta precipitarse como un clavel nocturno,
hasta ser y no ser sino un rayo en la sombra.

XIII

LA LUZ que de tus pies sube a tu cabellera,
la turgencia que envuelve tu forma delicada,
no es de nácar marino, nunca de plata fría:
eres de pan, de pan amado por el fuego.

La harina levantó su granero contigo
y creció incrementada por la edad venturosa,
cuando los cereales duplicaron tu pecho
mi amor era el carbón trabajando en la tierra.

Oh, pan tu frente, pan tus piernas, pan tu boca,
pan que devoro y nace con luz cada mañana,
bienamada, bandera de las panaderías,

una lección de sangre te dio el fuego,
de la harina aprendiste a ser sagrada,
y del pan el idioma y el aroma.

XIV

ME FALTA tiempo para celebrar tus cabellos.
Uno por uno debo contarlos y alabarlos:
otros amantes quieren vivir con ciertos ojos,
yo sólo quiero ser tu peluquero.

En Italia te bautizaron Medusa
por la encrespada y alta luz de tu cabellera.
Yo te llamo chascona mía y enmarañada:
mi corazón conoce las puertas de tu pelo.

Cuando tú te extravíes en tus propios cabellos,
no me olvides, acuérdate que te amo,
no me dejes perdido ir sin tu cabellera

por el mundo sombrío de todos los caminos
que sólo tiene sombra, transitorios dolores,
hasta que el sol sube a la torre de tu pelo.

XV

DESDE HACE mucho tiempo la tierra te conoce:
eres compacta como el pan o la madera,
eres cuerpo, racimo de segura sustancia,
tienes peso de acacia, de legumbre dorada.

Sé que existes no sólo porque tus ojos vuelan
y dan luz a las cosas como ventana abierta,
sino porque de barro te hicieron y cocieron
en Chillán, en un horno de adobe estupefacto.

Los seres se derraman como aire o agua o frío
y vagos son, se borran al contacto del tiempo,
como si antes de muertos fueran desmenuzados.

Tú caerás conmigo como piedra en la tumba
y así por nuestro amor que no fue consumido
continuará viviendo con nosotros la tierra.

XVI

AMO el trozo de tierra que tú eres,
porque de las praderas planetarias
otra estrella no tengo. Tú repites
la multiplicación del universo.

Tus anchos ojos son la luz que tengo
de las constelaciones derrotadas,
tu piel palpita como los caminos
que recorre en la lluvia el meteoro.

De tanta luna fueron para mí tus caderas,
de todo el sol tu boca profunda y su delicia,
de tanta luz ardiente como miel en la sombra

tu corazón quemado por largos rayos rojos,
y así recorro el fuego de tu forma besándote,
pequeña y planetaria, paloma y geografía.

XVII

No te amo como si fueras rosa de sal, topacio
o flecha de claveles que propagan el fuego:
te amo como se aman ciertas cosas oscuras,
secretamente, entre la sombra y el alma.

Te amo como la planta que no florece y lleva
dentro de sí, escondida, la luz de aquellas flores,
y gracias a tu amor vive oscuro en mi cuerpo
el apretado aroma que ascendió de la tierra.

Te amo sin saber cómo, ni cuándo, ni de dónde,
te amo directamente sin problemas ni orgullo:
así te amo porque no sé amar de otra manera,

sino así de este modo en que no soy ni eres,
tan cerca que tu mano sobre mi pecho es mía,
tan cerca que se cierran tus ojos con mi sueño.

XVIII

POR LAS MONTAÑAS vas como viene la brisa
o la corriente brusca que baja de la nieve
o bien tu cabellera palpitante confirma
los altos ornamentos del sol en la espesura.

Toda la luz del Cáucaso cae sobre tu cuerpo
como en una pequeña vasija interminable
en que el agua se cambia de vestido y de canto
a cada movimiento transparente del río.

Por los montes el viejo camino de guerreros
y abajo enfurecida brilla como una espada
el agua entre murallas de manos minerales,

hasta que tú recibes de los bosques de pronto
el ramo o el relámpago de unas flores azules
y la insólita flecha de un aroma salvaje.

XIX

MIENTRAS la magna espuma de Isla Negra,
la sal azul, el sol en las olas te mojan,
yo miro los trabajos de la avispa,
empeñada en la miel de su universo.

Va y viene equilibrando su recto y rubio vuelo
como si deslizara de un alambre invisible
la elegancia del baile, la sed de su cintura,
y los asesinatos del aguijón maligno.

De petróleo y naranja es su arco iris,
busca como un avión entre la hierba,
con un rumor de espiga vuela, desaparece,

mientras que tú sales del mar, desnuda,
y regresas al mundo llena de sal y sol,
reverberante estatua y espada de la arena.

XX

Mi FEA, eres una castaña despeinada,
mi bella, eres hermosa como el viento,
mi fea, de tu boca se pueden hacer dos,
mi bella, son tus besos frescos como sandías.

Mi fea, dónde están escondidos tus senos?
Son mínimos como dos copas de trigo.
Me gustaría verte dos lunas en el pecho:
las gigantescas torres de tu soberanía.

Mi fea, el mar no tiene uñas en su tienda,
mi bella, flor a flor, estrella por estrella,
ola por ola, amor, he contado tu cuerpo:

mi fea, te amo por tu cintura de oro,
mi bella, te amo por una arruga en tu frente,
amor, te amo por clara y por oscura.

XXI

OH QUE TODO el amor propague en mí su boca,
que no sufra un momento más sin primavera,
yo no vendí sino mis manos al dolor,
ahora, bienamada, déjame con tus besos.

Cubre la luz del mes abierto con tu aroma,
cierra las puertas con tu cabellera,
y en cuanto a mí no olvides que si despierto y
    lloro
es porque en sueños sólo soy un niño perdido

que busca entre las hojas de la noche tus manos,
el contacto del trigo que tú me comunicas,
un rapto centelleante de sombra y energía.

Oh, bienamada, y nada más que sombra
por donde me acompañes en tus sueños
y me digas la hora de la luz.

XXII

CUÁNTAS VECES, amor, te amé sin verte y tal
vez sin recuerdo
sin reconocer tu mirada, sin mirarte, centaura,
en regiones contrarias, en un mediodía
quemante:
eras sólo el aroma de los cereales que amo.

Tal vez te vi, te supuse al pasar levantando una
copa
en Angol, a la luz de la luna de Junio,
o eras tú la cintura de aquella guitarra
que toqué en las tinieblas y sonó como el mar
desmedido.

Te amé sin que yo lo supiera, y busqué tu
memoria.
En las casas vacías entré con linterna a robar tu
retrato.
Pero yo ya sabía cómo era. De pronto

mientras ibas conmigo te toqué y se detuvo mi
vida:
frente a mis ojos estabas, reinándome, y reinas.
Como hoguera en los bosques el fuego es tu reino.

XXIII

FUE LUZ el fuego y pan la luna rencorosa,
el jazmín duplicó su estrellado secreto,
y del terrible amor las suaves manos puras
dieron paz a mis ojos y sol a mis sentidos.

Oh amor, cómo de pronto, de las desgarraduras
hiciste el edificio de la dulce firmeza,
derrotaste las uñas malignas y celosas
y hoy frente al mundo somos como una sola vida.

Así fue, así es y así será hasta cuando,
salvaje y dulce amor, bienamada Matilde,
el tiempo nos señale la flor final del día.

Sin ti, sin mí, sin luz ya no seremos:
entonces más allá de la tierra y la sombra
el resplandor de nuestro amor seguirá vivo.

XXIV

AMOR, AMOR, las nubes a la torre del cielo
subieron como triunfantes lavanderas,
y todo ardió en azul, todo fue estrella:
el mar, la nave, el día se desterraron juntos.

Ven a ver los cerezos del agua constelada
y la clave redonda del rápido universo,
ven a tocar el fuego del azul instantáneo,
ven antes de que sus pétalos se consuman.

No hay aquí sino luz, cantidades, racimos,
espacio abierto por las virtudes del viento
hasta entregar los últimos secretos de la espuma.

Y entre tantos azules celestes, sumergidos,
se pierden nuestros ojos adivinando apenas
los poderes del aire, las llaves submarinas.

XXV

ANTES DE AMARTE, amor, nada era mío:
vacilé por las calles y las cosas:
nada contaba ni tenía nombre:
el mundo era del aire que esperaba.

Yo conocí salones cenicientos,
túneles habitados por la luna,
hangares crueles que se despedían,
preguntas que insistían en la arena.

Todo estaba vacío, muerto y mudo,
caído, abandonado y decaído,
todo era inalienablemente ajeno,.

todo era de los otros y de nadie,
hasta que tu belleza y tu pobreza
llenaron el otoño de regalos.

XXVI

Ni el color de las dunas terribles en Iquique,
ni el estuario del Río Dulce de Guatemala,
cambiaron tu perfil conquistado en el trigo,
tu estilo de uva grande, tu boca de guitarra.

Oh corazón, oh mía desde todo el silencio,
desde las cumbres donde reinó la enredadera
hasta las desoladas planicies del platino,
en toda patria pura te repitió la tierra.

Pero ni huraña mano de montes minerales,
ni nieve tibetana, ni piedra de Polonia,
nada alteró tu forma de cereal viajero,

como si greda o trigo, guitarras o racimos
de Chillán defendieran en ti su territorio
imponiendo el mandato de la luna silvestre.

XXVII

DESNUDA eres tan simple como una de tus
  manos,
lisa, terrestre, mínima, redonda, transparente,
tienes líneas de luna, caminos de manzana,
desnuda eres delgada como el trigo desnudo.

Desnuda eres azul como la noche en Cuba,
tienes enredaderas y estrellas en el pelo,
desnuda eres enorme y amarilla
como el verano en una iglesia de oro.

Desnuda eres pequeña como una de tus uñas,
curva, sutil, rosada hasta que nace el día
y te metes en el largo subterráneo del mundo

como en un largo túnel de trajes y trabajos:
tu claridad se apaga, se viste, se deshoja
y otra vez vuelve a ser una mano desnuda.

XXVIII

AMOR, de grano a grano, de planeta a planeta,
la red del viento con sus países sombríos,
la guerra con sus zapatos de sangre,
o bien el día y la noche de la espiga.

Por donde fuimos, islas o puentes o banderas,
violines del fugaz otoño acribillado,
repitió la alegría los labios de la copa,
el dolor nos detuvo con su lección de llanto.

En todas las repúblicas desarrollaba el viento
su pabellón impune, su glacial cabellera
y luego regresaba la flor a sus trabajos.

Pero en nosotros nunca se calcinó el otoño.
Y en nuestra patria inmóvil germinaba y crecía
el amor con los derechos del rocío.

XXIX

VIENES de la pobreza de las cosas del Sur,
de las regiones duras con frío y terremoto
que cuando hasta sus dioses rodaron a la muerte
nos dieron la lección de la vida en la greda.

Eres un caballito de greda negra, un beso
de barro oscuro, amor, amapola de greda,
paloma del crepúsculo que voló en los caminos,
alcancía con lágrimas de nuestra pobre infancia.

Muchacha, has conservado tu corazón de pobre,
tus pies de pobre acostumbrados a las piedras,
tu boca que no siempre tuvo pan o delicia.

Eres el pobre Sur, de donde viene mi alma:
en su cielo tu madre sigue lavando ropa
con mi madre. Por eso te escogí, compañera.

XXX

TIENES del archipiélago las hebras del alerce,
la carne trabajada por los siglos del tiempo,
venas que conocieron el mar de las maderas,
sangre verde caída de cielo a la memoria.

Nadie recogerá mi corazón perdido
entre tantas raíces, en la amarga frescura
del sol multiplicado por la furia del agua,
allí vive la sombra que no viaja conmigo.

Por eso tú saliste del Sur como una isla
poblada y coronada por plumas y maderas
y yo sentí el aroma de los bosques errantes,

hallé la miel oscura que conocí en la selva,
y toqué en tus caderas los pétalos sombríos
que nacieron conmigo y construyeron mi alma.

XXXI

Con laureles del Sur y orégano de Lota
te corono, pequeña monarca de mis huesos,
y no puede faltarte esa corona
que elabora la tierra con bálsamo y follaje.

Eres, como el que te ama, de las provincias
    verdes:
de allá trajimos barro que nos corre en la sangre,
en la ciudad andamos, como tantos, perdidos,
temerosos de que cierren el mercado.

Bienamada, tu sombra tiene olor a ciruela,
tus ojos escondieron en el Sur sus raíces,
tu corazón es una paloma de alcancía,

tu cuerpo es liso como las piedras en el agua,
tus besos son racimos con rocío,
y yo a tu lado vivo con la tierra.

XXXII

LA CASA en la mañana con la verdad revuelta
de sábanas y plumas, el origen del día
sin dirección, errante como una pobre barca,
entre los horizontes del orden y del sueño.

Las cosas quieren arrastrar vestigios,
adherencias sin rumbo, herencias frías,
los papeles esconden vocales arrugadas
y en la botella el vino quiere seguir su ayer.

Ordenadora, pasas vibrando como abeja
tocando las regiones perdidas por la sombra
conquistando la luz con tu blanca energía.

Y se construye entonces la claridad de nuevo:
obedecen las cosas al viento de la vida
y el orden establece su pan y su paloma.

MEDIODÍA

XXXIII

AMOR, ahora nos vamos a la casa
donde la enredadera sube por las escalas:
antes que llegues tú llegó a tu dormitorio
el verano desnudo con pies de madreselva.

Nuestros besos errantes recorrieron el mundo:
Armenia, espesa gota de miel desenterrada,
Ceylán, paloma verde, y el Yang Tsé separando
con antigua paciencia los días de las noches.

Y ahora, bienamada, por el mar crepitante
volvemos como dos aves ciegas al muro,
al nido de la lejana primavera,

porque el amor no puede volar sin detenerse:
al muro o a las piedras del mar van nuestras vidas,
a nuestro territorio regresaron los besos.

XXXIV

ERES HIJA del mar y prima del orégano,
nadadora, tu cuerpo es de agua pura,
cocinera, tu sangre es tierra viva
y tus costumbres son floridas y terrestres.

Al agua van tus ojos y levantan las olas,
a la tierra tus manos y saltan las semillas,
en agua y tierra tienes propiedades profundas
que en ti se juntan como las leyes de la greda.

Náyade, corta tu cuerpo la turquesa
y luego resurrecto florece en la cocina
de tal modo que asumes cuanto existe

y al fin duermes rodeada por mis brazos que
   apartan
de la sombra sombría, para que tú descanses,
legumbres, algas, hierbas: la espuma de tus sueños.

XXXV

Tu MANO fue volando de mis ojos al día.
Entró la luz como un rosal abierto.
Arena y cielo palpitaban como una
culminante colmena cortada en las turquesas.

Tu mano tocó sílabas que tintineaban, copas,
alcuzas con aceites amarillos,
corolas, manantiales y, sobre todo, amor,
amor: tu mano pura preservó las cucharas.

La tarde fue. La noche deslizó sigilosa
sobre el sueño del hombre su cápsula celeste.
Un triste olor salvaje soltó la madreselva.

Y tu mano volvió de su vuelo volando
a cerrar su plumaje que yo creí perdido
sobre mis ojos devorados por la sombra.

XXXVI

Corazón mío, reina del apio y de la artesa:
pequeña leoparda del hilo y la cebolla:
me gusta ver brillar tu imperio diminuto,
las armas de la cera, del vino, del aceite,

del ajo, de la tierra por tus manos abierta
de la sustancia azul encendida en tus manos,
de la transmigración del sueño a la ensalada,
del reptil enrollado en la manguera.

Tú con tu podadora levantando el perfume,
tú, con la dirección del jabón en la espuma,
tú, subiendo mis locas escalas y escaleras,

tú, manejando el síntoma de mi caligrafía
y encontrando en la arena del cuaderno
las letras extraviadas que buscaban tu boca.

XXXVII

OH AMOR, oh rayo loco y amenaza purpúrea,
me visitas y subes por tu fresca escalera
al castillo que el tiempo coronó de neblinas,
las pálidas paredes del corazón cerrado.

Nadie sabrá que sólo fue la delicadeza
construyendo cristales duros como ciudades
y que la sangre abría túneles desdichados
sin que su monarquía derribara el invierno.

Por eso, amor, tu boca, tu pie, tu luz, tus penas,
fueron el patrimonio de la vida, los dones
sagrados de la lluvia, de la naturaleza

que recibe y levanta la gravidez del grano,
la tempestad secreta del vino en las bodegas,
la llamarada del cereal en el suelo.

XXXVIII

Tu CASA suena como un tren a mediodía,
zumban las avispas, cantan las cacerolas,
la cascada enumera los hechos del rocío,
tu risa desarrolla su trino de palmera.

La luz azul del muro conversa con la piedra,
llega como un pastor silbando un telegrama
y entre las dos higueras de voz verde
Homero sube con zapatos sigilosos.

Sólo aquí la ciudad no tiene voz ni llanto,
ni sin fin, ni sonatas, ni labios, ni bocina
sino un discurso de cascada y de leones,

y tú que subes, cantas, corres, caminas, bajas,
plantas, coses, cocinas, clavas, escribes, vuelves,
o te has ido y se sabe que comenzó el invierno.

XXXIX

PERO OLVIDÉ que tus manos satisfacían
las raíces, regando rosas enmarañadas,
hasta que florecieron tus huellas digitales
en la plenaria paz de la naturaleza.

El azadón y el agua como animales tuyos
te acompañan, mordiendo y lamiendo la tierra,
y es así cómo, trabajando, desprendes
fecundidad, fogosa frescura de claveles.

Amor y honor de abejas pido para tus manos
que en la tierra confunden su estirpe transparente,
y hasta en mi corazón abren su agricultura,

de tal modo que soy como piedra quemada
que de pronto, contigo, canta, porque recibe
el agua de los bosques por tu voz conducida.

XL

ERA VERDE el silencio, mojada era la luz,
tembaba el mes de Junio como una mariposa
y en el austral dominio, desde el mar y las
      piedras,
Matilde, atravesaste el mediodía.

Ibas cargada de flores ferruginosas,
algas que el viento sur atormenta y olvida,
aún blancas, agrietadas por la sal devorante,
tus manos levantaban las espigas de arena.

Amo tus dones puros, tu piel de piedra intacta,
tus uñas ofrecidas en el sol de tus dedos,
tu boca derramada por toda la alegría,

pero, para mi casa vecina del abismo,
dame el atormentado sistema del silencio,
el pabellón del mar olvidado en la arena.

XLI

DESDICHAS del mes de Enero cuando el
   indiferente
mediodía establece su ecuación en el cielo,
un oro duro como el vino de una copa colmada
llena la tierra hasta sus límites azules.

Desdichas de este tiempo parecidas a uvas
pequeñas que agruparon verde amargo,
confusas, escondidas lágrimas de los días
hasta que la intemperie publicó sus racimos.

Sí, gérmenes, dolores, todo lo que palpita
aterrado, a la luz crepitante de Enero,
madurará, arderá como ardieron los frutos.

Divididos serán los pesares: el alma
dará un golpe de viento, y la morada
quedará limpia con el pan fresco en la mesa.

XLII

Radiantes días balanceados por el agua marina,
concentrados como el interior de una piedra
   amarilla
cuyo esplendor de miel no derribó el desorden:
preservó su pureza de rectángulo.

Crepita, sí, la hora como fuego o abejas
y es verde la tarea de sumergirse en hojas,
hasta que hacia la altura es el follaje
un mundo centelleante que se apaga y susurra.

Sed del fuego, abrasadora multitud del estío
que construye un Edén con unas cuantas hojas,
porque la tierra de rostro oscuro no quiere
   sufrimientos

sino frescura o fuego, agua o pan para todos,
y nada debería dividir a los hombres
sino el sol o la noche, la luna o las espigas.

XLIII

Un signo tuyo busco en todas las otras,
en el brusco, ondulante río de las mujeres,
trenzas, ojos apenas sumergidos,
pies claros que resbalan navegando en la espuma.

De pronto me parece que diviso tus uñas
oblongas, fugitivas, sobrinas de un cerezo,
y otra vez es tu pelo que pasa y me parece
ver arder en el agua tu retrato de hoguera.

Miré, pero ninguna llevaba tu latido,
tu luz, la greda oscura que trajiste del bosque,
ninguna tuvo tus diminutas orejas.

Tú eres total y breve, de todas eres una,
y así contigo voy recorriendo y amando
un ancho Mississippi de estuario femenino.

XLIV

Sabrás que no te amo y que te amo
puesto que de dos modos es la vida,
la palabra es un ala del silencio,
el fuego tiene una mitad de frío.

Yo te amo para comenzar a amarte,
para recomenzar el infinito
y para no dejar de amarte nunca:
por eso no te amo todavía.

Te amo y no te amo como si tuviera
en mis manos las llaves de la dicha
y un incierto destino desdichado.

Mi amor tiene dos vidas para amarte.
Por eso te amo cuando no te amo
y por eso te amo cuando te amo.

XLV

NO ESTÉS LEJOS de mí un solo día, porque cómo,
porque, no sé decirlo, es largo el día,
y te estaré esperando como en las estaciones
cuando en alguna parte se durmieron los trenes.

No te vayas por una hora porque entonces
en esa hora se juntan las gotas de desvelo
y tal vez todo el humo que anda buscando casa
venga a matar aún mi corazón perdido.

Ay que no se quebrante tu silueta en la arena,
ay que no vuelen tus párpados en la ausencia:
no te vayas por un minuto, bienamada,

porque en ese minuto te habrás ido tan lejos
que yo cruzaré toda la tierra preguntando
si volverás o si me dejarás muriendo.

XLVI

DE LAS ESTRELLAS que admiré, mojadas
por ríos y rocíos diferentes,
yo no escogí sino la que yo amaba
y desde entonces duermo con la noche.

De la ola, una ola y otra ola,
verde mar, verde frío, rama verde,
yo no escogí sino una sola ola:
la ola indivisible de tu cuerpo.

Todas las gotas, todas las raíces,
todos los hilos de la luz vinieron,
me vinieron a ver tarde o temprano.

Yo no quise para mí tu cabellera.
Y de todos los dones de mi patria
sólo escogí tu corazón salvaje.

XLVIl

DETRÁS DE MÍ en la rama quiero verte.
Poco a poco te convertiste en fruto.
No te costó subir de las raíces
cantando con tu sílaba de savia.

Y aquí estarás primero en flor fragante,
en la estatua de un beso convertida,
hasta que sol y tierra, sangre y cielo,
te otorguen la delicia y la dulzura.

En la rama veré tu cabellera,
tu signo madurando en el follaje,
acercando las hojas a mi sed,

y llenará mi boca tu sustancia,
el beso que subió desde la tierra
con tu sangre de fruta enamorada.

XLVIII

DOS AMANTES dichosos hacen un solo pan,
una sola gota de luna en la hierba,
dejan andando dos sombras que se reúnen,
dejan un solo sol vacío en una cama.

De todas las verdades escogieron el día:
no se ataron con hilos sino con un aroma,
y no despedazaron la paz ni las palabras.
La dicha es una torre transparente.

El aire, el vino van con los dos amantes,
la noche les regala sus pétalos dichosos,
tienen derecho a todos los claveles.

Dos amantes dichosos no tienen fin ni muerte,
nacen y mueren muchas veces mientras viven,
tienen la eternidad de la naturaleza.

XLIX

Es HOY: todo el ayer se fue cayendo
entre dedos de luz y ojos de sueño,
mañana llegará con pasos verdes:
nadie detiene el río de la aurora.

Nadie detiene el río de tus manos,
los ojos de tu sueño, bienamada,
eres temblor del tiempo que transcurre
entre luz vertical y sol sombrío,

y el cielo cierra sobre ti sus alas
llevándote y trayéndote a mis brazos
con puntual, misteriosa cortesía:

Por eso canto al día y a la luna,
al mar, al tiempo, a todos los planetas,
a tu voz diurna y a tu piel nocturna.

L

COTAPOS dice que tu risa cae
como un halcón desde una brusca torre
y, es verdad, atraviesas el follaje del mundo
con un solo relámpago de tu estirpe celeste

que cae, y corta, y saltan las lenguas del rocío,
las aguas del diamante, la luz con sus abejas
y allí donde vivía con su barba el silencio
estallan las granadas del sol y las estrellas,

se viene abajo el cielo con la noche sombría,
arden a plena luna campanas y claveles,
y corren los caballos de los talabarteros:

porque tú siendo tan pequeñita como eres
dejas caer la risa desde tu meteoro
electrizando el nombre de la naturaleza.

LI

Tu RISA pertenece a un árbol entreabierto
por un rayo, por un relámpago plateado
que desde el cielo cae quebrándose en la copa,
partiendo en dos el árbol con una sola espada.

Sólo en las tierras altas del follaje con nieve
nace una risa como la tuya, bienamante,
es la risa del aire desatado en la altura,
costumbres de araucaria, bienamada.

Cordillerana mía, chillaneja evidente,
corta con los cuchillos de tu risa la sombra,
la noche, la mañana, la miel del mediodía,

y que salten al cielo las aves del follaje
cuando como una luz derrochadora
rompe tu risa el árbol de la vida.

LII

CANTAS y a sol y a cielo con tu canto
tu voz desgrana el cereal del día,
hablan los pinos con su lengua verde:
trinan todas las aves del invierno.

El mar llena sus sótanos de pasos,
de campanas, cadenas y gemidos,
tintinean metales y utensilios,
suenan las ruedas de la caravana.

Pero sólo tu voz escucho y sube
tu voz con vuelo y precisión de flecha,
baja tu voz con gravedad de lluvia,

tu voz esparce altísimas espadas,
vuelve tu voz cargada de violetas
y luego me acompaña por el cielo.

LIII

AQUÍ ESTÁ el pan, el vino, la mesa, la morada:
el menester del hombre, la mujer y la vida:
a este sitio corría la paz vertiginosa,
por esta luz ardió la común quemadura.

Honor a tus dos manos que vuelan preparando
los blancos resultados del canto y la cocina,
salve! la integridad de tus pies corredores,
viva! la bailarina que baila con la escoba.

Aquellos bruscos ríos con aguas y amenazas,
aquel atormentado pabellón de la espuma,
aquellos incendiarios panales y arrecifes

son hoy este reposo de tu sangre en la mía,
este cauce estrellado y azul como la noche,
esta simplicidad sin fin de la ternura.

TARDE

LIV

ESPLÉNDIDA RAZON, demonio claro
del racimo absoluto, del recto mediodía,
aquí estamos al fin, sin soledad y solos,
lejos del desvarío de la ciudad salvaje.

Cuando la línea pura rodea su paloma
y el fuego condecora la paz con su alimento
tú y yo erigimos este celeste resultado!
Razón y amor desnudos viven en esta casa.

Sueños furiosos, ríos de amarga certidumbre
decisiones más duras que el sueño de un martillo
cayeron en la doble copa de los amantes.

Hasta que en la balanza se elevaron, gemelos,
la razón y el amor como dos alas.
Así se construyó la transparencia.

LV

ESPINAS, vidrios rotos, enfermedades, llanto
asedian día y noche la miel de los felices
y no sirve la torre, ni el viaje, ni los muros:
la desdicha atraviesa la paz de los dormidos,

el dolor sube y baja y acerca sus cucharas
y no hay hombre sin este movimiento,
no hay natalicio, no hay techo ni cercado:
hay que tomar en cuenta este atributo.

Y en el amor no valen tampoco ojos cerrados,
profundos lechos lejos del pestilente herido,
o del que paso a paso conquista su bandera.

Porque la vida pega como cólera o río
y abre un túnel sangriento por donde nos vigilan
los ojos de una inmensa familia de dolores.

LVI

Acostúmbrate a ver detrás de mí la sombra
y que tus manos salgan del rencor, transparentes,
como si en la mañana del mar fueran creadas:
la sal te dio, amor mío, proporción cristalina.

La envidia sufre, muere, se agota con mi canto.
Uno a uno agonizan sus tristes capitanes.
Yo digo amor, y el mundo se puebla de palomas.
Cada sílaba mía trae la primavera.

Entonces tú, florida, corazón, bienamada,
sobre mis ojos como los follajes del cielo
eres, y yo te miro recostada en la tierra.

Veo el sol trasmigrar racimos a tu rostro,
mirando hacia la altura reconozco tus pasos.
Matilde, bienamada, diadema, bienvenida!

LVII

Mienten los que dijeron que yo perdí la luna,
los que profetizaron mi porvenir de arena,
aseveraron tantas cosas con lenguas frías:
quisieron prohibir la flor del universo.

«Ya no cantará más el ámbar insurgente
de la sirena, no tiene sino pueblo.»
Y masticaban sus incesantes papeles
patrocinando para mi guitarra el olvido.

Yo les lancé a los ojos las lanzas deslumbrantes
de nuestro amor clavando tu corazón y el mío,
yo reclamé el jazmín que dejaban tus huellas,

yo me perdí de noche sin luz bajo tus párpados
y cuando me envolvió la claridad
nací de nuevo, dueño de mi propia tiniebla.

LVIII

ENTRE los espadones de fierro literario
paso yo como un marinero remoto
que no conoce las esquinas y que canta
porque sí, porque cómo si no fuera por eso.

De los atormentados archipiélagos traje
mi acordeón con borrascas, rachas de lluvia loca,
y una costumbre lenta de cosas naturales:
ellas determinaron mi corazón silvestre.

Así cuando los dientes de la literatura
trataron de morder mis honrados talones,
yo pasé, sin saber, cantando con el viento

hacia los almacenes lluviosos de mi infancia,
hacia los bosques fríos del Sur indefinible,
hacia donde mi vida se llenó con tu aroma.

LIX

(G. M.)

POBRES POETAS a quienes la vida y la muerte
persiguieron con la misma tenacidad sombría
y luego son cubiertos por impasible pompa
entregados al rito y al diente funerario.

Ellos —oscuros como piedrecitas— ahora
detrás de los caballos arrogantes, tendidos
van, gobernados al fin por los intrusos,
entre los edecanes, a dormir sin silencio.

Antes y ya seguros de que está muerto el muerto
hacen de las exequias un festín miserable
con pavos, puercos y otros oradores.

Acecharon su muerte y entonces la ofendieron:
sólo porque su boca está cerrada
y ya no puede contestar su canto.

LX

A TI TE HIERE aquel que quiso hacerme daño,
y el golpe del veneno contra mí dirigido
como por una red pasa entre mis trabajos
y en ti deja una mancha de óxido y desvelo.

No quiero ver, amor, en la luna florida
de tu frente cruzar el odio que me acecha.
No quiero que en tu sueño deje el rencor ajeno
olvidada su inútil corona de cuchillos.

Donde voy van detrás de mí pasos amargos,
donde río una mueca de horror copia mi cara,
donde canto la envidia maldice, ríe y roe.

Y es ésa, amor, la sombra que la vida me ha dado:
es un traje vacío que me sigue cojeando
como un espantapájaros de sonrisa sangrienta.

LXI

Trajo el amor su cola de dolores,
su largo rayo estático de espinas
y cerramos los ojos porque nada,
porque ninguna herida nos separe.

No es culpa de tus ojos este llanto:
tus manos no clavaron esta espada:
no buscaron tus pies este camino:
llegó a tu corazón la miel sombría.

Cuando el amor como una inmensa ola
nos estrelló contra la piedra dura,
nos amasó con una sola harina,

cayó el dolor sobre otro dulce rostro
y así en la luz de la estación abierta
se consagró la primavera herida.

LXII

AY DE MÍ, ay de nosotros, bienamada,
sólo quisimos sólo amor, amarnos,
y entre tantos dolores se dispuso
sólo nosotros dos ser malheridos.

Quisimos el tú y yo para nosotros,
el tú del beso, el yo del pan secreto,
y así era todo, eternamente simple,
hasta que el odio entró por la ventana.

Odian los que no amaron nuestro amor,
ni ningún otro amor, desventurados
como las sillas de un salón perdido,

hasta que se enredaron en ceniza
y el rostro amenazante que tuvieron
se apagó en el crepúsculo apagado.

LXIII

No sólo por las tierras desiertas donde la piedra
  salina
es como la única rosa, la flor por el mar
  enterrada,
anduve, sino por la orilla de ríos que cortan la
  nieve.
Las amargas alturas de las cordilleras conocen mis
  pasos.

Enmarañada, silbante región de mi patria salvaje,
lianas cuyo beso mortal se encadena en la selva,
lamento mojado del ave que surge lanzando sus
  escalofríos,
oh región de perdidos dolores y llanto inclemente!

No sólo son míos la piel venenosa del cobre
o el salitre extendido como estatua yacente y
  nevada,
sino la viña, el cerezo premiado por la primavera,

son míos, y yo pertenezco como átomo negro
a las áridas tierras y a la luz del otoño en las uvas,
a esta patria metálica elevada por torres de nieve.

LXIV

DE TANTO AMOR mi vida se tiñó de violeta
y fui de rumbo en rumbo como las aves ciegas
hasta llegar a tu ventana, amiga mia:
tú sentiste un rumor de corazón quebrado

y allí de las tinieblas me levanté a tu pecho,
sin ser y sin saber fui a la torre del trigo,
surgí para vivir entre tus manos,
me levanté del mar a tu alegría.

Nadie puede contar lo que te debo, es lúcido
lo que te debo, amor, y es como una raíz
natal de Araucanía, lo que te debo, amada.

Es sin duda estrellado todo lo que te debo,
lo que te debo es como el pozo de una zona
    silvestre
en donde guardó el tiempo relámpagos errantes.

LXV

MATILDE, dónde estás? Noté, hacia abajo,
entre corbata y corazón, arriba,
cierta melancolía intercostal:
era que tú de pronto eras ausente.

Me hizo falta la luz de tu energía
y miré devorando la esperanza,
miré el vacío que es sin ti una casa,
no quedan sino trágicas ventanas.

De puro taciturno el techo escucha
caer antiguas lluvias deshojadas,
plumas, lo que la noche aprisionó:

y así te espero como casa sola
y volverás a verme y habitarme.
De otro modo me duelen las ventanas.

LXVI

No te quiero sino porque te quiero
y de quererte a no quererte llego
y de esperarte cuando no te espero
pasa mi corazón del frío al fuego.

Te quiero sólo porque a ti te quiero,
te odio sin fin, y odiándote te ruego,
y la medida de mi amor viajero
es no verte y amarte como un ciego.

Tal vez consumirá la luz de Enero,
su rayo cruel, mi corazón entero,
robándome la llave del sosiego.

En esta historia sólo yo me muero
y moriré de amor porque te quiero,
porque te quiero, amor, a sangre y fuego.

LXVII

LA GRAN LLUVIA del sur cae sobre Isla Negra
como una sola gota transparente y pesada,
el mar abre sus hojas frías y la recibe,
la tierra aprende el húmedo destino de una copa.

Alma mía, dame en tus besos el agua
salobre de estos meses, la miel del territorio,
la fragancia mojada por mil labios del cielo,
la paciencia sagrada del mar en el invierno.

Algo nos llama, todas las puertas se abren solas,
relata el agua un largo rumor a las ventanas,
crece el cielo hacia abajo tocando las raíces,

y así teje y desteje su red celeste el día
con tiempo, sal, susurros, crecimientos, caminos,
una mujer, un hombre, y el invierno en la tierra.

LXVIII

(Mascarón de Proa)

LA NIÑA de madera no llegó caminando:
allí de pronto estuvo sentada en los ladrillos,
viejas flores del mar cubrían su cabeza,
su mirada tenía tristeza de raíces.

Allí quedó mirando nuestras vidas abiertas,
el ir y ser y andar y volver por la tierra,
el día destiñendo sus pétalos graduales.
Vigilaba sin vernos la niña de madera.

La niña coronada por las antiguas olas,
allí miraba con sus ojos derrotados:
sabía que vivimos en una red remota

de tiempo y agua y olas y sonidos y lluvia,
sin saber si existimos o si somos su sueño.
Ésta es la historia de la muchacha de madera.

LXIX

TAL VEZ no ser es ser sin que tú seas,
sin que vayas cortando el mediodía
como una flor azul, sin que camines
más tarde por la niebla y los ladrillos,

sin esa luz que llevas en la mano
que tal vez otros no verán dorada,
que tal vez nadie supo que crecía
como el origen rojo de la rosa,

sin que seas, en fin, sin que vinieras
brusca, incitante, a conocer mi vida,
ráfaga de rosal, trigo del viento,

y desde entonces soy porque tú eres,
y desde entonces eres, soy y somos,
y por amor seré, serás, seremos.

LXX

TAL VEZ HERIDO voy sin ir sangriento
por uno de los rayos de tu vida
y a media selva me detiene el agua:
la lluvia que se cae con su cielo.

Entonces toco el corazón llovido:
allí sé que tus ojos penetraron
por la región extensa de mi duelo
y un susurro de sombra surge solo:

Quién es? Quién es? Pero no tuvo nombre
la hoja o el agua oscura que palpita
a media selva, sorda, en el camino,

y así, amor mío, supe que fui herido
y nadie hablaba allí sino la sombra,
la noche errante, el beso de la lluvia.

LXXI

DE PENA EN PENA cruza sus islas el amor
y establece raíces que luego riega el llanto,
y nadie puede, nadie puede evadir los pasos
del corazón que corre callado y carnicero.

Así tú y yo buscamos un hueco, otro planeta
en donde no tocara la sal tu cabellera,
en donde no crecieran dolores por mi culpa,
en donde viva el pan sin agonía.

Un planeta enredado por distancia y follajes,
un páramo, una piedra cruel y deshabitada,
con nuestras propias manos hacer un nido duro,

queríamos, sin daño ni herida ni palabra,
y no fue así el amor, sino una ciudad loca
donde la gente palidece en los balcones.

LXXII

AMOR MÍO, el invierno regresa a sus cuarteles,
establece la tierra sus dones amarillos
y pasamos la mano sobre un país remoto,
sobre la cabellera de la geografía.

Irnos! Hoy! Adelante, ruedas, naves, campanas,
aviones acerados por el diurno infinito
hacia el olor nupcial del archipiélago,
por longitudinales harinas de usufructo!

Vamos, levántate, y endiadémate y sube
y baja y corre y trina con el aire y conmigo
vámonos a los trenes de Arabia o Tocopilla,

sin más que trasmigrar hacia el polen lejano,
a pueblos lancinantes de harapos y gardenias
gobernados por pobres monarcas sin zapatos.

LXXIII

RECORDARÁS tal vez aquel hombre afilado
que de la oscuridad salió como un cuchillo
y antes de que supiéramos, sabía:
vio el humo y decidió que venía del fuego.

La pálida mujer de cabellera negra
surgió como un pescado del abismo
y entre los dos alzaron en contra del amor
una máquina armada de dientes numerosos.

Hombre y mujer talaron montañas y jardines,
bajaron a los ríos, treparon por los muros,
subieron por los montes su atroz artillería.

El amor supo entonces que se llamaba amor.
Y cuando levanté mis ojos a tu nombre
tu corazón de pronto dispuso mi camino.

LXXIV

EL CAMINO mojado por el agua de Agosto
brilla como si fuera cortado en plena luna,
en plena claridad de la manzana,
en mitad de la fruta del otoño.

Neblina, espacio o cielo, la vaga red del día
crece con fríos sueños, sonidos y pescados,
el vapor de las islas combate la comarca,
palpita el mar sobre la luz de Chile.

Todo se reconcentra como el metal, se esconden
las hojas, el invierno enmascara su estirpe
y sólo ciegos somos, sin cesar, solamente.

Solamente sujetos al cauce sigiloso
del movimiento, adiós, del viaje, del camino:
adiós, caen las lágrimas de la naturaleza.

LXXV

ÉSTA ES LA CASA, el mar y la bandera.
Errábamos por otros largos muros.
No hallábamos la puerta ni el sonido
desde la ausencia, como desde muertos.

Y al fin la casa abre su silencio,
entramos a pisar el abandono,
las ratas muertas, el adiós vacío,
el agua que lloró en las cañerías.

Lloró, lloró la casa noche y día,
gimió con las arañas, entreabierta,
se desgranó desde sus ojos negros,

y ahora de pronto la volvemos viva,
la poblamos y no nos reconoce:
tiene que florecer, y no se acuerda.

LXXVI

DIEGO RIVERA con la paciencia del oso
buscaba la esmeralda del bosque en la pintura
o el bermellón, la flor súbita de la sangre
recogía la luz del mundo en tu retrato.

Pintaba el imperioso traje de tu nariz,
la centella de tus pupilas desbocadas,
tus uñas que alimentan la envidia de la luna,
y en tu piel estival, tu boca de sandía.

Te puso dos cabezas de volcán encendidas
por fuego, por amor, por estirpe araucana,
y sobre los dos rostros dorados de la greda

te cubrió con el casco de un incendio bravío
y allí secretamente quedaron enredados
mis ojos en su torre total: tu cabellera.

LXXVII

HOY ES HOY con el peso de todo el tiempo ido,
con las alas de todo lo que será mañana,
hoy es el Sur del mar, la vieja edad del agua
y la composición de un nuevo día.

A tu boca elevada a la luz o a la luna
se agregaron los pétalos de un día consumido,
y ayer viene trotando por su calle sombría
para que recordemos su rostro que se ha muerto.

Hoy, ayer y mañana se comen caminando,
consumimos un día como una vaca ardiente,
nuestro ganado espera con sus días contados,

pero en tu corazón el tiempo echó su harina,
mi amor construyó un horno con barro de
    Temuco:
tú eres el pan de cada día para mi alma.

LXXVIII

No TENGO nunca más, no tengo siempre. En la
   arena
la victoria dejó sus pies perdidos.
Soy un pobre hombre dispuesto a amar a sus
   semejantes.
No sé quién eres. Te amo. No doy, no vendo
   espinas.

Alguien sabrá tal vez que no tejí coronas
sangrientas, que combatí la burla,
y que en verdad llené la pleamar de mi alma.
Yo pagué la vileza con palomas.

Yo no tengo jamás porque distinto
fui, soy, seré. Y en nombre
de mi cambiante amor proclamo la pureza.

La muerte es sólo piedra del olvido.
Te amo, beso en tu boca la alegría.
Traigamos leña. Haremos fuego en la montaña.

NOCHE

LXXIX

DE NOCHE, amada, amarra tu corazón al mío
y que ellos en el sueño derroten las tinieblas
como un doble tambor combatiendo en el bosque
contra el espeso muro de las hojas mojadas.

Nocturna travesía, brasa negra del sueño
interceptando el hilo de las uvas terrestres
con la puntualidad de un tren descabellado
que sombra y piedras frías sin cesar arrastrara.

Por eso, amor, amárrame al movimiento puro,
a la tenacidad que en tu pecho golpea
con las alas de un cisne sumergido,

para que a las preguntas estrelladas del cielo
responda nuestro sueño con una sola llave,
con una sola puerta cerrada por la sombra.

LXXX

DE VIAJES y dolores yo regresé, amor mío,
a tu voz, a tu mano volando en la guitarra,
al fuego que interrumpe con besos el otoño,
a la circulación de la noche en el cielo.

Para todos los hombres pido pan y reinado,
pido tierra para el labrador sin ventura,
que nadie espere tregua de mi sangre o mi canto.
Pero a tu amor no puedo renunciar sin morirme.

Por eso toca el vals de la serena luna,
la barcarola en el agua de la guitarra
hasta que se doblegue mi cabeza soñando:

que todos los desvelos de mi vida tejieron
esta enramada en donde tu mano vive y vuela
custodiando la noche del viajero dormido.

LXXXI

YA ERES MÍA. Reposa con tu sueño en mi sueño.
Amor, dolor, trabajos, deben dormir ahora.
Gira la noche sobre sus invisibles ruedas
y junto a mí eres pura como el ámbar dormido.

Ninguna más, amor, dormirá con mis sueños.
Irás, iremos juntos por las aguas del tiempo.
Ninguna viajará por la sombra conmigo,
sólo tú, siempreviva, siempre sol, siempre luna.

Ya tus manos abrieron los puños delicados
y dejaron caer suaves signos sin rumbo,
tus ojos se cerraron como dos alas grises,

mientras yo sigo el agua que llevas y me lleva:
la noche, el mundo, el viento devanan su destino,
y ya no soy sin ti sino sólo tu sueño.

LXXXII

AMOR MÍO, al cerrar esta puerta nocturna
te pido, amor, un viaje por oscuro recinto:
cierra tus sueños, entra con tu cielo en mis ojos,
extiéndete en mi sangre como en un ancho río.

Adiós, adiós, cruel claridad que fue cayendo
en el saco de cada día del pasado,
adiós a cada rayo de reloj o naranja,
salud oh sombra, intermitente compañera!

En esta nave o agua o muerte o nueva vida,
una vez más unidos, dormidos, resurrectos,
somos el matrimonio de la noche en la sangre.

No sé quién vive o muere, quién reposa o
    despierta,
pero es tu corazón el que reparte
en mi pecho los dones de la aurora.

LXXXIII

Es BUENO, amor, sentirte cerca de mí en la noche,
invisible en tu sueño, seriamente nocturna,
mientras yo desenredo mis preocupaciones
como si fueran redes confundidas.

Ausente, por los sueños tu corazón navega,
pero tu cuerpo así abandonado respira
buscándome sin verme, completando mi sueño
como una planta que se duplica en la sombra.

Erguida, serás otra que vivirá mañana,
pero de las fronteras perdidas en la noche,
de este ser y no ser en que nos encontramos

algo queda acercándonos en la luz de la vida
como si el sello de la sombra señalara
con fuego sus secretas criaturas.

LXXXIV

UNA VEZ MÁS, amor, la red del día extingue
trabajos, ruedas, fuegos, estertores, adioses,
y a la noche entregamos el trigo vacilante
que el mediodía obtuvo de la luz y la tierra.

Sólo la luna en medio de su página pura
sostiene las columnas del estuario del cielo,
la habitación adopta la lentitud del oro
y van y van tus manos preparando la noche.

Oh amor, oh noche, oh cúpula cerrada por un río
de impenetrables aguas en la sombra del cielo
que destaca y sumerge sus uvas tempestuosas,

hasta que sólo somos un solo espacio oscuro,
una copa en que cae la ceniza celeste,
una gota en el pulso de un lento y largo río.

LXXXV

DEL MAR hacia las calles corre la vaga niebla
como el vapor de un buey enterrado en el frío,
y largas lenguas de agua se acumulan cubriendo
el mes que a nuestras vidas prometió ser celeste.

Adelantado otoño, panal silbante de hojas,
cuando sobre los pueblos palpita tu estandarte
cantan mujeres locas despidiendo a los ríos,
los caballos relinchan hacia la Patagonia.

Hay una enredadera vespertina en tu rostro
que crece silenciosa por el amor llevada
hasta las herraduras crepitantes del cielo.

Me inclino sobre el fuego de tu cuerpo nocturno
y no sólo tus senos amo sino el otoño
que esparce por la niebla su sangre ultramarina.

LXXXVI

OH CRUZ DEL SUR, oh trébol de fósforo fragante,
con cuatro besos hoy penetró tu hermosura
y atravesó la sombra y mi sombrero:
la luna iba redonda por el frío.

Entonces con mi amor, con mi amada, oh
    diamantes
de escarcha azul, serenidad del cielo,
espejo, apareciste y se llenó la noche
con tus cuatro bodegas temblorosas de vino.

Oh palpitante plata de pez pulido y puro,
cruz verde, perejil de la sombra radiante,
luciérnaga a la unidad del cielo condenada,

descansa en mí, cerremos tus ojos y los míos.
Por un minuto duerme con la noche del hombre.
Enciende en mí tus cuatro números constelados.

LXXXVII

LAS TRES AVES del mar, tres rayos, tres tijeras
cruzaron por el cielo frío hacia Antofagasta,
por eso quedó el aire tembloroso,
todo tembló como bandera herida.

Soledad, dame el signo de tu incesante origen,
el apenas camino de los pájaros crueles,
y la palpitación que sin duda precede
a la miel, a la música, al mar, al nacimiento.

(Soledad sostenida por un constante rostro
como una grave flor sin cesar extendida
hasta abarcar la pura muchedumbre del cielo.)

Volaban alas frías del mar, del Archipiélago,
hacia la arena del Noroeste de Chile.
Y la noche cerró su celeste cerrojo.

LXXXVIII

EL MES DE MARZO vuelve con su luz escondida
y se deslizan peces inmensos por el cielo,
vago vapor terrestre progresa sigiloso,
una por una caen al silencio las cosas.

Por suerte en esta crisis de atmósfera errabunda
reuniste las vidas del mar con las del fuego,
el movimiento gris de la nave de invierno,
la forma que el amor imprimió a la guitarra.

Oh amor, rosa mojada por sirenas y espumas,
fuego que baila y sube la invisible escalera
y despierta en el túnel del insomnio a la sangre

para que se consuman las olas en el cielo,
olvide el mar sus bienes y leones
y caiga el mundo adentro de las redes oscuras.

LXXXIX

CUANDO YO MUERA quiero tus manos en mis
  ojos:
quiero la luz y el trigo de tus manos amadas
pasar una vez más sobre mí su frescura:
sentir la suavidad que cambió mi destino.

Quiero que vivas mientras yo, dormido, te espero,
quiero que tus oídos sigan oyendo el viento,
que huelas el aroma del mar que amamos juntos
y que sigas pisando la arena que pisamos.

Quiero que lo que amo siga vivo
y a ti te amé y canté sobre todas las cosas,
por eso sigue tú floreciendo, florida,

para que alcances todo lo que mi amor te ordena,
para que se pasee mi sombra por tu pelo,
para que así conozcan la razón de mi canto.

XC

PENSÉ MORIR, sentí de cerca el frío,
y de cuanto viví sólo a ti te dejaba:
tu boca eran mi día y mi noche terrestres
y tu piel la república fundada por mis besos.

En ese instante se terminaron los libros,
la amistad, los tesoros sin tregua acumulados,
la casa transparente que tú y yo construimos:
todo dejó de ser, menos tus ojos.

Porque el amor, mientras la vida nos acosa,
es simplemente una ola alta sobre las olas,
pero ay cuando la muerte viene a tocar la puerta

hay sólo tu mirada para tanto vacío,
sólo tu claridad para no seguir siendo,
sólo tu amor para cerrar la sombra.

XCI

LA EDAD nos cubre como la llovizna,
interminable y árido es el tiempo,
una pluma de sal toca tu rostro,
una gotera carcomió mi traje:

el tiempo no distingue entre mis manos
o un vuelo de naranjas en las tuyas:
pica con nieve y azadón la vida:
la vida tuya que es la vida mía.

La vida mía que te di se llena
de años, como el volumen de un racimo.
Regresarán las uvas a la tierra.

Y aún allá abajo el tiempo sigue siendo,
esperando, lloviendo sobre el polvo,
ávido de borrar hasta la ausencia.

XCII

AMOR MÍO, si muero y tú no mueres,
no demos al dolor más territorio:
amor mío, si mueres y no muero,
no hay extensión como la que vivimos.

Polvo en el trigo, arena en las arenas
el tiempo, el agua errante, el viento vago
nos llevó como grano navegante.
Pudimos no encontrarnos en el tiempo.

Esta pradera en que nos encontramos,
oh pequeño infinito! devolvemos.
Pero este amor, amor, no ha terminado,

y así como no tuvo nacimiento
no tiene muerte, es como un largo río,
sólo cambia de tierras y de labios.

XCIII

Si ALGUNA VEZ tu pecho se detiene,
si algo deja de andar ardiendo por tus venas,
si tu voz en tu boca se va sin ser palabra,
si tus manos se olvidan de volar y se duermen,

Matilde, amor, deja tus labios entreabiertos
porque ese último beso debe durar conmigo,
debe quedar inmóvil para siempre en tu boca
para que así también me acompañe en mi muerte.

Me moriré besando tu loca boca fría,
abrazando el racimo perdido de tu cuerpo,
y buscando la luz de tus ojos cerrados.

Y así cuando la tierra reciba nuestro abrazo
iremos confundidos en una sola muerte
a vivir para siempre la eternidad de un beso.

XCIV

SI MUERO sobrevíveme con tanta fuerza pura
que despiertes la furia del pálido y del frío,
de sur a sur levanta tus ojos indelebles,
de sol a sol que suene tu boca de guitarra.

No quiero que vacilen tu risa ni tus pasos,
no quiero que se muera mi herencia de alegría,
no llames a mi pecho, estoy ausente.
Vive en mi ausencia como en una casa.

Es una casa tan grande la ausencia
que pasarás en ella a través de los muros
y colgarás los cuadros en el aire.

Es una casa tan transparente la ausencia
que yo sin vida te veré vivir
y si sufres, mi amor, me moriré otra vez.

XCV

QUIÉNES se amaron como nosotros? Busquemos
las antiguas cenizas del corazón quemado
y allí que caigan uno por uno nuestros besos
hasta que resucite la flor deshabitada.

Amemos el amor que consumió su fruto
y descendió a la tierra con rostro y poderío:
tú y yo somos la luz que continúa,
su inquebrantable espiga delicada.

Al amor sepultado por tanto tiempo frío,
por nieve y primavera, por olvido y otoño,
acerquemos la luz de una nueva manzana,

de la frescura abierta por una nueva herida,
como el amor antiguo que camina en silencio
por una eternidad de bocas enterradas.

XCVI

PIENSO, esta época en que tú me amaste
se irá por otra azul sustituida,
será otra piel sobre los mismos huesos,
otros ojos verán la primavera.

Nadie de los que ataron esta hora,
de los que conversaron con el humo,
gobiernos, traficantes, transeúntes,
continuarán moviéndose en sus hilos.

Se irán los crueles dioses con anteojos,
los peludos carnívoros con libro,
los pulgones y los pipipasseyros.

Y cuando esté recién lavado el mundo
nacerán otros ojos en el agua
y crecerá sin lágrimas el trigo.

XCVII

Hay que volar en este tiempo, a dónde?
Sin alas, sin avión, volar sin duda:
ya los pasos pasaron sin remedio,
no elevaron los pies del pasajero.

Hay que volar a cada instante como
las águilas, las moscas y los días,
hay que vencer los ojos de Saturno
y establecer allí nuevas campanas.

Ya no bastan zapatos ni caminos,
ya no sirve la tierra a los errantes,
ya cruzaron la noche las raíces,

y tú aparecerás en otra estrella
determinadamente transitoria
convertida por fin en amapola.

XCVIII

Y ESTA PALABRA, este papel escrito
por las mil manos de una sola mano,
no queda en ti, no sirve para sueños,
cae a la tierra: allí se continúa.

No importa que la luz o la alabanza
se derramen y salgan de la copa
si fueron un tenaz temblor del vino,
si se tiñó tu boca de amaranto.

No quiere más la sílaba tardía,
lo que trae y retrae el arrecife
de mis recuerdos, la irritada espuma,

no quiere más sino escribir tu nombre.
Y aunque lo calle mi sombrío amor
más tarde lo dirá la primavera.

XCIX

OTROS DÍAS vendrán, será entendido
el silencio de plantas y planetas
y cuántas cosas puras pasarán!
Tendrán olor a luna los violines!

El pan será tal vez como tú eres:
tendrá tu voz, tu condición de trigo,
y hablarán otras cosas con tu voz:
los caballos perdidos del Otoño.

Aunque no sea como está dispuesto
el amor llenará grandes barricas
como la antigua miel de los pastores,

y tú en el polvo de mi corazón
(en donde habrán inmensos almacenes)
irás y volverás entre sandías.

C

EN MEDIO de la tierra apartaré
las esmeraldas para divisarte
y tú estarás copiando las espigas
con una pluma de agua mensajera.

Qué mundo! Qué profundo perejil!
Qué nave navegando en la dulzura!
Y tú tal vez y yo tal vez topacio!
Ya no habrá división en las campanas.

Ya no habrá sino todo el aire libre,
las manzanas llevadas por el viento,
el suculento libro en la enramada,

y allí donde respiran los claveles
fundaremos un traje que resista
la eternidad de un beso victorioso.

ÍNDICE